한글 날다

한글 날다

박종현

실천문학사

제 1 부

한글 피다-꼭지만 남은 옛이응(ㆁ)   11
한글 피다-사막의 꽃   12
한글 피다-한글의 관자놀이엔 관자가 산다   13
한글 피다- ㅡ자 네 개가 새겨진 새끼손가락   15
한글 피다-세발가락나무늘보   17
한글 피다-중년 사랑   19
한글 피다-콩잎장아찌 석 장   20
한글 피다-ㅍㅍㅍ으로 걷는 게걸음   22
한글 피다-나이테   23
한글 피다-입술가벼운소리(ㅸ) 발성법   24
한글 피다-집게벌레가 피운 꽃   26
한글 피다-ㄹ자 뱀춤   27
한글 피다-과   28
한글 피다-ㄲ 두꺼운 그믐밤   30
한글 피다-ㅇ자 드럼세탁기   32

제 2부

한글 헐다-속이 헌 ㅇ(이응)   37
한글 헐다-나의 바람기   39
한글 헐다-바닥을 치면 바다가 된다   41
한글 헐다-쫴액쫴액 롱 패딩   42
한글 헐다-빗소리   44
한글 헐다-ㅡ자 경면   45
한글 헐다-춘분   46
한글 헐다-ㅅ자 부메랑   47
한글 헐다-까맣다   49
한글 헐다-오렌지 와인에는 오렌지향이 없다   51
한글 헐다-저승새   53
한글 헐다-ㄱ자로 휜 달구소리   55
한글 헐다-주먹밥   56
한글 헐다-괄호를 풀면 길이 된다   58
한글 헐다-방가지똥   59

제3부

한글 날다-은행잎 투사	63
한글 날다-솟대 새	64
한글 헐다-붉은 예서체	66
한글 날다-대추나무 시집보내기	68
한글 날다-ㅇ을 지우면 우주가 탄생한다	69
한글 날다-집의 원형	70
한글 날다-ㅊ자 모기 화석	71
한글 날다-감또개 입술에 새긴 유서	72
한글 날다-우리	73
한글 날다-시계를 이계라고 하는 손자	74
한글 날다-바다	76
한글 날다-귀얄 귀얄	78
한글 날다-자벌레	80
한글 날다-거룩한 모음	81
한글 날다-쇠똥구리	82

제4부

소등-이순의 첫날	85
황금빛 통증	86
그 사이	88
리모델링	89
음소거-백수	91
아르갈	92
꽃으로 핀 지네	94
유기견	96
육탈-바지락	98
O형이래	100
경외	103
봉명을 듣다	105
가을의 소통법	106
가축의 변천사	108
파란, 절정에 이르다	110
해설 이동순	113
시인의 말	123

제 1 부

한글 피다
―꼭지만 남은 옛이응(ㆁ)

오랜만에 어머니 등을 밀어드렸다
욕조 귀퉁이 낮고 둥글게 쪼그려 앉으신 어머니
때수건한테 물려줄 한 겹 때마저
남아 있지 않는 야윈 몸
연신 개운타 개운타 외치신다
한사코 앙가슴만큼은 손수 씻겠다시는 완고한 고집 너머
슬쩍 곁눈질로 훔쳐본 어머니 가슴
세상에,
온몸 실가지들이 몰려와
까맣게 여문 열매 두 알을 떠받치고 있었다
얼마나 긴 세월 다독여 왔을까,
열여섯 해 전 떠나보낸 큰아들 내외
곪아온 기억들 퍼내고 또 퍼낸 자리
저토록 단단한 그리움을 키우고 계셨을 줄이야
욕실 문 나서는 아흔의 어머니
두 손 가득 ㅇ은 사라지고 꼭지만 남은 옛이응
그 거룩한 열매를 받들고 나오신다

한글 피다
―사막의 꽃

신발 살 능력이 없는 동물들은
제 살 한 쪽을 열사熱沙에 녹여 신발로 만든다
복사열로 숙성시킨 가죽,
그 단단해진 발굽을 덧신기도 한다
뜨겁게 봉오리 맺힌 오후 등에 지고 떠나는 발걸음
길이 아득할수록 더 가벼워지는 건
사막 끝 신기루가 지어놓은 다락 높은
낙타의 집이 눈앞에 어른대기 때문만은 아니다
입가 비누 거품처럼 피어나는 울음
뚝, 한 떨기 떨어지면서
앞서간 발자국에 고인 눈물을 삭힌다
낙타의 하루가 꽃으로 벙그는 순간이다
발굽 닳은 신기루 한 채 머금은 꽃대가
ㅎ으로 피워올린 꽃 한 송이
장엄하다

한글 피다
-한글의 관자놀이엔 관자가 산다

세상에서 가장 끗발이 세다는 알파벳을 보라
앞뒤만 있고 위아래는 없다
평등을 옹호하기 위한 문자라고 큰소리치지만
위아래가 뒤바뀌는 게 두려워
애초 밑에서 받쳐줄 글자를 만들지 않았다
세상 그 어디에도 ㅏ, ㅑ, ㅓ, ㅕ, ㅗ, ㅛ, ㅜ, ㅠ, ㅡ, ㅣ
10개의 부모 글자를 기둥 삼아 ㄱ에서 ㅎ까지 차별 없이
아래위와 앞자리 번갈아 쓰는 글자가 또 있던가,
평등이란 앞뒤 줄 세워 서열을 이루는 게 아니라
앞자리나 위아래 누구나 넘나들게 하고
자리 또한 서로 바뀔 수 있는 게 평등이다
키조개 속살이 제 딱딱한 껍데기를 업고
깜깜한 물밑에서도 수평인 세상을 끌고 갈 수 있었던 건
껍데기와 속살을 잇는 탄력적인 관자가 있어 가능했다
한글의 맥박이 뛰노는 관자놀이엔
입안 어느 곳에도 장애 받지 않고 소리가 되는,
ㄱ에서 ㅎ 모두에게 위아래와 앞자리 골고루 안배하는

관자貫子가 산다

한글 피다
- ㅡ자 네 개가 새겨진 새끼손가락

손금 네 개가 그어진 내 오른손 새끼손가락
갱년기 지난 눈으로 보면
발 많은 지네가 손바닥을 기어오르는 형상이다
그때마다 지네와 장난을 친다
오므렸다 폈다, 구부렸다 젖혔다,
옆에 선 약지와 중지까지도 새끼손가락 흉내를 낸다
엄지와 검지마저 새끼손가락을 만나기 위해선
온몸 수그려야 할 판이다
가끔 새끼손가락이 기지개라도 켜려 하면
힘센 엄지도 키 큰 가운뎃손가락도
쬐그만 새끼손가락 하나 당해내지 못해 온몸이 굳어진다
손금이 넉 줄이라 그럴까,
내 손을 지배하는 게 새끼손가락임을 알고 난 뒤부터
왼손은 오른손을 잡을 때마다 다소곳 새끼손가락을 감싸 쥔다
이 세상 가장 소중한 약속을 할 때는
엄지와 검지, 가운뎃손가락을 젖혀두고

불쑥,

땅바닥 닮은 ㅡ자 네 개가 새겨진 새끼손가락을 내민다

약한 자가 살아남을 수 있는 길은 약속을 지키는 일뿐이다

한글 피다
-세발가락나무늘보

그늘의 이동은 늘 광속이다

잎과 잎 사이 은밀히 내리꽂히는 햇살 피해
옮기는 저 광속
눈 깜짝할 사이 지구 한 바퀴를 돌아 제 자리로 와서는
넉살 좋게도
거꾸로 돌아가는 지구를 바로잡기라도 하려는 듯
지구를 등진 채 거꾸로 매달려 이동하는
저 그늘,

갈색목세발가락나무늘보

눈가엔 그늘의 얼룩이 그린
해 하나
환하게 떠 있다

빛의 속도를 이긴 자만이

눈에 걸 수 있는 메달이다

발가락을 한번 봐,
ㄱ을 꽉 움켜쥔 채 지구를 돌리는
저 정지된 시간

한글 피다
—중년 사랑

늦가을
추위를 견디기 위해 서로를 밀착시키는
고슴도치 한 쌍*
상대 가시에 찔려 상처만 입고 물러선다
거리를 두면 다시 몰려드는 추위
따끔거리는 기억으로 가까이 다가서지만
아니나 다를까 서로에게 찔리고 마는,

아찔함과 두려움 넘나들던
어느 날
가시에 찔리지 않고 춥지도 않은 거리를 유지하는,
사랑에 찔려 좌심방 하나쯤 곪아 본 중년만이
지킬 줄 아는 저 절묘한,

ㄴ이 안긴 ㅓ와 ㅏ의 거리

---

* 쇼펜하우어의 우화 '고슴도치 딜레마'에서 따옴

한글 피다
―콩잎장아찌 석 장

이듬해 여름인데도
콩잎장아찌 반찬이 전부다
차곡차곡 포개진 노란 잎 이미 갈색으로 변해 있다
된장 속에 묻어놓은, 여럿이 함께 묻혀야만
맛이 깊어진다시던 당숙모
자모가 겹친 한글처럼 월남치마 접힌 자락
들러붙은 콩잎 하나를 떼어내어
밥 한 숟갈에 콩잎 앞뒤를 혀로 핥고
두 숟갈에 반을 찢어 입에 넣고
세 숟갈에 나머지 반을 먹는다
네 숟가락에 엄지와 검지에 묻은 된장 핥아먹는다
콩잎장아찌 석 장이면
거뜬히 해결되는 여든 당숙모의 점심 한 끼,
숭늉 한 대접으로 입가심하시며
군대 간 막내 손자가 보내준 생일축하 카드를 꺼내 놓고
나에게 읽어달라고 하신다
한글은 읽는 것보다 듣는 것이 더 감동이다

당숙모 눈가 맺힌 땀을 엄지로 슬쩍 훔치신다

한글 피다
- 포 포 포으로 걷는 게걸음

바다가 마당인 집

밤마다 마당 가득 바다를 끌어들인 뒤에야

마당에 빠진 달은 잠이 든다

차르르차르르 달의 잠이 동화처럼 맑게 새근대는 건

염도 높은 바다 밑 곰삭은 전설 때문인가,

달랑게가 뭍의 질서를 어기면서까지

이웃집 담을 넘어가는 깊은 밤

때마침 마당귀 지나던 구름이

남몰래 알을 스는 달빛을 슬쩍 가려 준다

서둘러 마당을 빠져나간 달을 쫓아

뒤미처 바다도 따라나선다

빗장이 없는 대문을 빠져나가던 달랑게 수컷이

덜컥 바람의 문턱에 걸려 넘어졌다

수컷의 피멍 든 무릎을 어루만져 주는

달빛, 포포포 멍 푸른 게걸음으로 밤이 깊어 간다

한글 피다
−나이테

나무도
한평생 한글을 익히며 산다
세상에서 가장 완벽한 글자
시간을 쌓아 육필로 쓴,

ㅇ

한글 피다
-입술가벼운소리(ㅸ) 발성법

거짓말은 혀가 하는 게 아니라
입술이 한다
새는 부리, 개는 주둥이, 호랑이는 아가리만 있고
입술은 없다
서로 쪼거나 물어뜯기는 해도 짐승들은
거짓말을 할 줄 모른다

입술 가진 인간만이 누릴 수 있는 특권
무겁고 두꺼운 입술은 서툴 때도 있지만
얇게 다듬어진 입술일수록 능란하다는 거짓말

화장실 거울 속 곁눈질로 훔쳐본 내 입술
조각칼로 깎아낸 듯 얄팍하다
내 세 치 혀로는 감당하기 힘든,
닿을 듯 말 듯 입술이 빚어낸 걸작을
세종대왕께서 입술가벼운소리(ㅸ)라고 명명했다

입만 벌리면 아래위 찰싹 달라붙으려 하는,
건조한 욕구에 침을 바른 두 입술이 서로 닿아서는 안 되는
입술가벼운소리(ㅸ)

거울 속 나를 외면한 채 서둘러 닫은 화장실 문짝 모서리가
나를 엿보고 있던 포메라니안 주둥이를 쳤나 보다

깨갱깨갱, 아픔은 모두 입술에 닿지 않고 그냥 발성한다

한글 피다
-집게벌레가 피운 꽃

날마다 어둠을 굴려
땅 밑 둥지에다 낳은 알들
밤낮 골고루 굴리는 것이
집게벌레의 사랑이다
부화된 새끼가 먹이를 찾기 시작하면
먹을 게 없는 땅속에선
산후 온몸 나긋나긋해진 어미가 유일한 먹이다
예순 마리도 더 되는 새끼들 목숨을 이어준
어미 몸이 봄을 피운다
새끼 집게벌레 갈고리 같은 손으로 봄을 끌어당기면
지상에서 가장 아름다운 꽃들이 기어 다닌다

,새끼,새끼,새끼,새끼,새끼,새끼,새끼,새끼,새끼,

한글 피다
-ㄹ자 뱀춤

코브라가 머리를 쳐든 채 벗을 펼치는 건

마지막 경고다

부라린 눈알 새긴 경고의 효능은 끝내 자기한테만 발휘된다

이미 날카로운 독니를 뽑힌 코브라

마술사의 불거진 광대뼈 아래선

똬리 튼 놀잇감으로 휘어 있다

해를 머금은 코브라의 두 갈래 혀가 내뿜는 자외선

빛을 이겨낸 얼굴은 모두 어둡다

충혈된 눈동자 속으로 검게 그을린 독을 삼켜도

낮이 밝은 이유는

어둠의 뿌리가 낳은 아들이 낮이기 때문이다

활짝 펼친 어깨가 독 머금은 목을 비틀며 흔든다

각이 휜 ㄹ자 뱀춤이다

한글 피다
−과

꽃과 잎이 영원히 만날 수 없는 상사화
간절함이 되레 여름과 가을을 갈라놓았다
꽃과 잎, 여름과 가을이 공존할 수 없는 건
사이에 낀 '과'의 과도한 그리움 때문이다
여름이 막바지에 이르면
봄과 여름을 이어왔던 것처럼
'과'가 여름과 가을의 만남을 주선하기 위해
민소매에다 잠자리 날개 같은 덧옷 하나 걸친 차림으로
기다린 나날이 그 얼마였던가,
여름 잎을 만나기 위해 서둘러 피어난 가을꽃
꽃과 잎 사이 그리움만 긴 꽃대로 키워 놓았다
여름과 가을 등 돌리게 한 하늘 향해 삿대질하던 꽃대
삭인 분노를 연분홍 꽃으로 피워 올린 상사화,
여름과 가을, 꽃과 잎 사이
그리움처럼 끼고 살아온 '과'를 팽개치고 싶었다
차라리 꽃과 잎 사이 '과'에 대한 기억을 삭제한 채
여름 뒤 바짝 달라붙은 가을 어귀

꽃잎으로 뜨겁게 피어나고 싶다

한글 피다
-ㄲ 두꺼운 그믐밤

하루를 여닫는 일은 어둠의 몫이다

어둠을 건너다 지친 달이
밤마다 야위어가는 제 모습 탄로 날까 봐
온몸 어둠으로 가린 밤이
그믐이다

그믐 속 깊이 발을 헛디딘 달
누가 그믐달이라 이름을 불렀나,
깜깜한 그믐만 남고 달은 없다

꽃이 제 몸을 찢고서야 꽃으로 피어나듯
어둠도 제 살을 찢어야 별들이 피어난다
밤의 밑동까지 온통 어둠이 내려앉았을 때
비로소 그믐은
까맣고 탱탱하게 익어 간다

달이 깜깜한 어둠으로 활짝 피어나는 밤이다.

한글 피다
- ㅇ자 드럼세탁기

묵은 습관을 씻어내는 게 세탁인가,
꺾은 무릎을 펴기 위해 나를 벗은 휴일 오후
꺾인 자리 불쑥 나와 있는 면바지의 무릎
세탁에서 건조까지 두 시간이나 돌렸다
쫙, 무릎을 펴며 일어서는 바지
아직 물기 남은 습관을 건져 올린 순간
세탁기 바닥 땡그랑 떨어지는
백 원짜리 동전 하나, 나를 빤히 올려다본다
무릎 펴는 일과 오금에 낀 미세먼지까지 떨쳐내는 일
세탁기 혼자 수행한 게 아니었구나
호주머니 속 갇힌 이순신 장군께서
어지럼증을 참아가며 굴욕 불거진 면바지 무릎을 폈나 보다
칼 대신 드럼을 두드려 내 습관을 바로잡아 준 장군께
90도 꺾은 허리로 부복俯伏하며 큰절 올렸다
엄지와 검지 다소곳 모아
근엄하신 장군님을 호주머니 속에 다시 모셨다
햇살 환한 건조대에 널린 무릎 펼친 나

바람에 천방지축 걸어 다닐까 봐 은빛 수염 쓰다듬으며
내 허벅지 바지살 ㅇ자 드럼 치듯 다독이며 말리고 계신다

제 2 부

한글 헐다
―속이 헌 ㅇ(이응)

가슴 밑바닥 눌어붙은 말을 세로로 잘라 보았다
갈치 토막처럼 잘릴 줄 알았던 말이 잘 썰리질 않는다
금방 토막이 날 듯하다가도
너덜너덜해진 말의 지느러미들이
아교처럼 끈질기게 서로를 끌안고 있다
비릿한 비늘을 열고 말의 단면 속으로 들어간다
근육질끼리 엉겨붙은 굇불 붉은 기억들만 울컥 떠올리는
질긴 글루텐,
잘라야지 하면서도 끊기지 않길 바라는
매몰차지 못한 내 마음
비린내 밴 기억들을 퍼내고 또 퍼내어도
말의 꽁지를 감싼 접착성 강한 미련이
탱탱하게 과거를 바투 잡고 있었다
내팽개칠수록 한사코 내 달팽이관에 달라붙는,
갈치속젓으로 삭힌,
그녀가 남긴 밀어蜜語의 모세혈관들이
내 가슴을 죄어 온다 가슴을 죄었던

단추 하나를 풀자 단추 뒷면엔
속이 다 헌 ㅇ이 숭숭 뚫려 있었다.

한글 헐다
-나의 바람기

과와 와,
기능은 같지만 그 쓰임과 느낌마저 같은 건 아니다
과가 들어갈 자리와 와가 끼일 자리는 사뭇 다르다
늘 편안하게 발음하던 와,
거기에 비해 혀뿌리가 다소 긴장해 있어야 하는 과
글자에는 근육이 있다
간혹 근육질의 과와 지방질의 와를 바꿔 쓰면
글의 몸매가 일그러져 남에게 무시당하기 십상팔구다
한때는 뚝 부러지는 소리를 내는 과가 좋았지만
입안의 다른 부위와 부딪히지 않고
무난히 제 소리를 내는 와가 지금은 더 편하다
기분이 좋으면 와!하거나
더 기쁠 땐 우와!하고 외친다
남과 부딪히기 꺼리면서 과를 멀리하기 시작했다
밥, 돈, 사랑 한때 간절했던 것들 뒤에는
고약하게도 모두 '과'가 따라붙는다
때론 과가 앞세우는 것들이 부러워

와 몰래 과에게 넌지시 추파를 던진 적도 있다

내 타고난 바람기다

한글 헐다
−바닥을 치면 바다가 된다

바닥을 친 감성돔 배지느러미엔
함께 낚인 파도들이 도미노처럼 무너져 내린다
거센 파돗살* 칭칭 동여맨 기세등등한 몸
방파제 바닥에서 눈을 부릅뜨고 있다
숨겨둔 바다 속살이 저녁 햇살로 반짝이는 순간
재차 격렬하게 바닥을 두들겨 댄다
바닥의 ㄱ을 떼어내기 위해서일까,
바닥에 떨어진 비늘이 꼬리지느러미의 굿거리장단에 맞춰
요동을 친다
바닥이 비린내를 다 털어낼 때까지
몸을 내리친 뒤에야
날카로운 등지느러미에 수없이 찔린 바닥
기척이 멎는다
바닥이 바다로 일렁이기 시작한다

ㄱ이 떨어져 나간 바닥이 울컥울컥 비리다

---

* 파돗살: 파도칠 때 생기는 물살을 일컫는 경남 지역의 토속어

한글 헐다
-꽤액꽤액 롱 패딩

내 가슴 밑바닥까지 뜯기면
누군가의 가슴이 저토록 따뜻해질까,

솜털이 뽑힐 때마다 내지른 오리의 발악이
체온이 될 줄은 몰랐다
꽤액꽤액 속삭이는 소리가 아닌 꽤액꽤액 고음이라야
고온을 유지할 수 있다는,
일생 동안 여남은 번도 더 가슴을 뜯겨야 했던
아내가 이태 전에 산 오리털 패딩 유행이 지났다며
새로 사 입은 하얀 롱 패딩 자락 뒤로
서른 마리가 넘는 오리들이 핏발 선 가슴을 흔들며
오리걸음으로 뒤따른다
날카롭게 겨울 추위를 쪼며 걷는 아내의 하이힐이
오늘따라 유달리 당당하다
현관문을 열자마자 검지와 엄지 가득 힘을 주고 보란 듯
이 내린 지퍼가
 패딩 안감을 깨물고 놓질 않는다

꽤액꽤액 발악을 해대던 아내

패딩에 가린 납작한 가슴을 쥐어뜯고 있다

내 가슴 밑바닥까지 시원해진다

한글 헐다
-빗소리

비와 비 사이에도
체온이 있다
먼저 내린 비가 허물어지면서 남긴 체온에
또 하나의 체온이 닿으면
소름이 돋는다

쌓인 비가 나를 감싸는 늦가을 밤
비와 비가 만든 체온이
부르르 온몸을 흔든다
앙다문 이 사이
침이 된 비가 샌다

비와 소리 사이 새어 나온
사잇소리(ㅅ)
앞뒤 빗소리가 어둠처럼 선명해진다

한글 헐다
−__자 경면黥面

지인의 팔짱을 낀 신부가 입장하는 순간
까무러칠 뻔했다
열아홉 살 적 얼굴이 몽땅 사라진 낯선 신부
눈, 코, 이마와 턱까지도 연예인 아이유로
완벽하게 개보수해 놓았다
정수리에 얹힌 티아라보다 빛나는 얼굴
꼬리 긴 드레스가 침묵하며 따른다
허벅지 튼튼한 들러리가 꼬리를 모신 채 뒤따른다
모두들 예쁘다 예쁘다 환호를 보낸다
수줍은 미소로 화답하는 신부 향해
끝내 예쁘다는 말 한마디 건네지 못한 나
겸연쩍어 턱을 쓰다듬자
오늘 아침 면도날에 할퀸 __자 하나가 심하게 따끔거린다
환호를 보내지 않을 걸 예상한 신부가 미리 내린 선고
경면黥面*이었다

---

* 얼굴이나 팔뚝의 살을 따고 홈을 내어 먹물로 죄명을 적어 넣던 벌.

한글 헐다
—춘분

파란불로 바뀐 횡단보도 앞에
영구차 하나 정지해 있다
버스가 신호를 잘 지키는 건 지금 말고 또 있을까,
죽음보다 느린 속도로 길을 건너는 것도
망자에 대한 예의다
평소 급하게 횡단보도를 건너던 사람들
파란불 앞에서도 느긋하다
깜박이는 신호등이 걸음을 재촉하는데도 서두를 생각이 없다
우리가 닿을 곳은 어딜까,
차창 밖을 내다보는 유족들의 어두운 표정이
안전유리에 부딪치는 아침 햇살을 외면하고 있다
며느리인 듯한 중년여인 맹숭맹숭한 표정이
나와 잠깐 눈이 마주치자 재빨리 차창 블라인드를 내린다
창 하나가 ㅁ이 된 장의 버스가 떠난 뒤에도
사람들은 한동안 횡단보도 앞에 서 있다
올봄 들어 가장 따뜻한 날이다

한글 헐다
—ㅅ자 부메랑

설거지를 도맡으면서부터
고무장갑 속 갇힌 손가락들이 불만을 터트리기 시작했다
처음엔 애지중지 그릇들을 다루었지만
이건 너무 심하다 싶을 때부터
엄지손가락이 중심이 되어 슬쩍 반란의 조짐을 흘렸다
엄지, 강한 힘 함부로 푸욱 짜낸 세척제
정량의 한계를 벗어나자 퐁퐁 거품을 물고
다섯 손가락을 향해 미끌거리며 저항했다
순간 손에 잡힌 접시가 개수대 바닥으로 추락한다
능글맞던 미끄러움이 한쪽 귀퉁이만 절묘하게 분리시켜 놓았다
분리불안이 만들어낸 얇고 앙칼진 소리에 깜짝 놀랐는지
식후 춘곤증으로 오수를 즐기던 아내가
—무슨 소리냐고 다그친다
그릇 부딪친 소리라며 되레 큰소리치며 얼버무리자
아내는 다시 소파에 몸을 누인다
잠이 사람을 구제해 준다는 말을 처음으로 믿게 된 날이다

랜 수면에 든 아내가 깨기 전
서둘러 깨진 접시의 이력을 지우려다
장갑을 벗은 내 검지를 깨진 접시가 할퀴고 말았다
괴팍스럽게 한쪽 모퉁이만 떨어져 나간 접시, 부메랑을 닮아 있다
개수대 물때 낀 마개를 뽑자
참았던 울음 하르륵 터트리던 붉은 눈물이
개숫물 따라 금세 꽁무니를 숨긴다
ㅅ자로 눈을 세운 사금파리 하나가 바닥에서 나를 흘긴다.

한글 헐다
-까맣다

색의 과거를 훔쳐보는 일은
무척 뇌쇄적이다

홍고추의 어제가 녹색이듯
빛의 과거는 어둠이었다

녹색이 키워낸 빨강이 충만해진 순간
돋아나는 환한 빛
내 눈동자의 인지 감각은 운행 정지 상태다

진화된 색에서 일탈해
재빨리 색의 바탕으로 돌아가려는 몸짓

인공의 속도가 만들어낸 어둠도 정녕 빛깔일까

정지선을 넘은 급브레이크 소리가
횡단보도 하얀 선을 무자비하게 짓뭉개놓은

미끄럼 바퀴자국

관능적 몸매의 차들이 남긴 색은
까맣다
검정은 색이 아니라 어둠이다

한글 헐다
−오렌지 와인에는 오렌지향이 없다

빛깔만으로도 이름이 되는 삶이 있다
레드와 화이트, 어느 하나도 기억해 주지 않던 시간이 숙성된
오렌지 와인이 유리잔을 움켜쥐고 있다
단숨에 목구멍으로 삼킬 수 없는 빛깔이 입안에 고인다
지나가 버린 잔혹한 역사는 쓴맛이 바래지기 마련이다
지구상에서 가장 나이 많은 포도나무*가 키워낸 열매로 만든,
신생 독립국인 슬로베니아 사람들이 즐겨 마신다는 술
그 뿌리는 화이트 와인이지만
수탈당한 시간을 제 몸에 퍼 담으며 하늘길 저어가는 상현달이
슬로우슬로우, 왜 잊어야할 시간들만
쓴맛으로 되살아나 술잔 속에 고여 있는지 몰라
술잔 가까이엔 자조와 눈물, 때론 욕지거리들이 붐볐다
저 미묘한 감정들을 숙성시킨 빛깔, 오렌지색

---

* 슬로베니아 마리보르에 지구상에서 가장 나이 많은 포도나무가 있다

향기는 사라지고 빛깔만 입안에 고인다
정원도 없는 테라스 창가
허리 잘록한 세월을 호명하며 내려앉은 어둠이
술과 함께 흔들리다가도 기울어가는 달을 술잔 속에 띄운다
입꼬리 찢긴 달을 향해 미소를 띄울 수 없던 나
색깔만 남은 웃음만 잔에 남긴다
달빛에 익은 오렌지 와인에는 오렌지 향이 없다
무색 유리잔에 금간 슬로베니아 지도가
오렌지 얼룩으로 새겨져 있다

한글 헐다
-저승새

밤이 이슥해지자
호랑지빠귀 울음이 들려왔다

어머니께서는 대문을 닫으라고 하셨다

더 크게 들려오자,
차고 딱딱한 문고리를 안으로 걸었다

더 가깝게 들린다
내 젖니를 빼앗아간 문고리에다
ㄱ 자로 휘어진 늙은 숟가락을 꽂는 내 손이 심하게 떨렸다

보일 듯 말 듯
아버지의 미간이 흔들렸다

길고 음습한 울음이 서너 번
지붕을 뚫고 지나간 뒤

호랑지빠귀* 자음ㅎ과 모음ㅟ가 닿아 내는 긴 울음

다시는 들리지 않았다

---

* 호랑지빠귀: 늦은 밤에 외마디 휘파람처럼 우는 새, 저승새라고도 한다.

한글 헐다
-ㄱ자로 휜 달구소리

산길 바닥 떨어진 산오리나무 잎 뒷면에 숨어 기다리다 나를 마중 나온 애벌레 하나, 아뿔사 밟고 말았다 신발 바닥 물고기 비늘 무늬 사이에서 낮고 젖은 목소리로 꿈틀대는 상처투성이를 손가락으로 집어 길섶 삘기 풀 줄기에 올려놓았다 마지막 남은 연두색 목숨을 헐떡이다 자리를 뜨는 나에게 반쯤 허물어진 허리 곧추세워 머리 주억이며 ㄱ자로 인사를 한다 되돌아가 ㄱ자로 휘어진 풀줄기가 천국으로 가는 문을 만들 때까지 쪼그려 앉아 있는 내 어깨 너머 아비인 듯 목이 멘 풀무치 해 저물도록 부르는 달구 소리가 내 미간에 산오리나무 그늘로 짙게 쌓인다

한글 헐다
―주먹밥

인간의 잘라내기 본능이 가로수를

굵고 단단하게 서게 했다

군데군데 영양부족으로 마른버짐 무늬로 옷을 입은 버즘나무

팔 벌려 지어준 그늘 곤충들이 끓는다, 시야를 가린다는 이유로

몽땅 잘렸다

조금 떨어진 곳에서 보면

모음 ㅣ들이 일렬로 줄을 지어 하늘을 떠받치고 있다

도심 속 아스팔트 길이 밀어 올린 ㅣ형 주먹 손,

몸통 전체가 불끈 주먹을 움켜쥔 팔뚝처럼 보인다

태풍이 불어도 흔들릴 게 없다

두려운 건 태풍이 아니다 태풍의 속력으로 다가서는

자동차들이다

간혹 음주 운전자를 죽인 죄로 ㅣ의 밑동이 잘린 적도 있다

초읽기에 들어갔다

도로 양쪽으로 선 가로수들이 주먹을 움켜쥔 채 ㅣ로 서서

도시가 매연 속에 묻힐 날을 손가락 접으며 헤고 있다
달밤이면 과속하는 차 엉덩이에다 대고
ㅣ 앞에다 쌍시옷(ㅆ)을 달고 주먹밥을 먹이고 있다

한글 헐다
−괄호를 풀면 길이 된다

나를
늘 괄호 안에 품었던 어머니
괄호 밖에 나를 남기고 떠나신 날
왜 그다지도 눈시울 붉은 노을이
선산 기슭 오래오래 머물다 갔을까,
집보다 더 많은 시간 머무셨던 어머니의 들녘
지나던 바람이
어머니를 괄호 속에 가둬놓은 뒤
괄호 밖에다 나를 풀어놓는다
갇힌 들녘도 괄호 밖으로 나와
들길에다 젖은 달빛을 풀어놓는다

괄호에서 나온 환한 길이
자꾸만 내 걸음을 비틀거리게 했다
달빛 머문 발자국에는
안과 밖이 없는 괄호가 안고 온 ㅇ(이응)이
교집합으로 고여 있었다

한글 헐다
-방가지똥

왜 하필이면
여기다 일을 보고 갔을까,
방가지*야 방가지야
사마귀 같은 포식곤충에게 잡아먹힐까 봐
가시 숭숭 망을 봐주는
안전한 방가지 우듬지에서 노랗게 잘 익은 변을 보았구나
방가지야 방가지야
똥이 꽃으로 피어나는 순간
구린내도 향기가 된다는 걸
온몸 날카롭게 돋아난 촉수로 감지했나 보구나
가시에서 향기가 난다
깊게 찔려야 더 향긋해지는
방가지,
뒷다리 둘을 잡으면
방아를 찧는 사투리가 노란 향기로 핀다

---

* 방아깨비의 경기 사투리

제3부

한글 날다
−은행잎 투사

저것 봐, 저 작고 여린

은행잎 하나가

바람의 각도를 바꾸려는 안간힘

도저히 혼자서는 안 될

그래서 떼거리로 그것도 일제히 같은 동작으로

바람의 길을 바로잡으려고 용쓰는 저 몸짓들 좀 봐,

대열에서 이탈한 바람 혼쭐이라도 내려는 걸까

바람의 뺨을 때려주는

그러다 제가 먼저 바람의 먹이가 되기도 하는

저 투사鬪士

흔들리지 않으려고 스스로 몸을 흔들며 떨어지는,

제 몸이 바람이 되어

바람을 노랗게 질리게 만든,

마침내 바람을 평정한,

바닥을 노란 하트로 점령해 버린,

한글 날다
―솟대 새

뼈만 남아야 날 수 있다

어느 손재주 좋은 노쇠한 농부랑
줄탁동기啐啄同機로 탄생한
솟대새 부리에
날다날다 지친 하루해가 결려들었다

야윌 대로 야윈,
이미 죽어 뼈만 남은 새
날갯짓 한번 없이
서역 만 리 노을 속으로 날아간다

이제 막
날개 돋기 시작하는 초사흘 달이
서툰 날갯짓 하느작대며 뒤따른다
깃을 켠 별들 또한 눈물 글썽이며 뒤쫓는다

어둠에 쓸린 죽은 새 하나가

깊고 그윽한 울림소리인 'ㄹ'을 옹그리며

명명冥冥한 하늘길 열고 있다.

한글 헐다
―붉은 예서체

제 살을 찢는 순간 바람은 소리가 된다
나뭇가지에 걸려 찢어진 살이
바람의 위력으로 되살아난다는 걸
떨어지는 잎사귀들 생채기에 고인
녹색 피는 기억하고 있다

과속 바람이 높은 괴성 내지르며 뺑소니친 자리
붉은 멍 자국 어설프게 그려놓은
스물아홉에 정지된 그림자만 오토바이와 격리된 채

엎어져 누운,

숨 가쁘게 달려왔던 발자국들 씻긴 자리
배달 나간 젊음은 온데간데없고
붉은 뿜이개로 대충 그린 청춘 하나
ㅇ과 두 개의 ㅅ 사이 이지러진 ㅁ자 널브러진
한글 예서체

미끄럼 바큇자국조차 남아 있지 않은 아스팔트 위
엎질러진 고추바사삭 순살 굽네치킨처럼

한글 날다
-대추나무 시집보내기

봄바람 봄비는 언덕배기
대추나무들은 모두 영어공부만 했나 보다
과외로 익힌 Y자 온몸으로 쓰고 있다
나뭇가지와 줄기 사이
큰 돌멩이 하나 들여와 한글을 가르치게 했다
미처 글자를 익히지 못한 가지는
새끼줄로 묶은 돌덩이를 가지 끝에 매달아 체벌을 주기도
했다
서툰 글씨체로 배시시 초승달이 떠오르면
줄기와 가지 사이
마침내 ㅅ 자를 쓰기 시작하는 대추나무
밤낮 한글을 잘 익혔나 보구나
잎 돋고 꽃 피어 열매 맺는 그날까지
바람도 ㅅ 소리를 낸다
가지와 줄기 함께 나누는 사랑도
ㅅ 자다.

한글 날다
―ㅇ을 지우면 우주가 탄생한다

 시중드는 동자승을 불러 '내가 마을에 다녀왔을 때, 네가 이 원 안에 있으면 오늘 하루 굶을 것이고, 원 밖에 있으면 이 절에서 내쫓길 것이다.'고 말씀하신 뒤 노스님은 마을로 내려갔습니다 원 안에 있자니 가뜩 배가 고픈데 하루종일 굶어야 하고, 원 밖에 있자니 절에서 쫓겨나 머물 곳을 잃게 되고, 말 그대로 낭패였습니다 궁리 끝에 동자승은 마당 한 구석에 놓인 빗자루를 가지고 와서는 노스님이 그어놓은 원을 지웠습니다 원이 사라졌으니 안과 밖이 없는 공간에서 스님을 맞이할 수 있었지요 마을에서 돌아오신 스님 빙그레 웃으시는 노안에 그어놓은 수많은 금들이 모두 지워지는 순간, 금 없이도 둥근 우주 하나가 탄생했습니다.

한글 날다
-집의 원형

집의 원형은 한글이다
서정으로 쌓은 초가집 안채도
하늘에서 내려다보면 ㅁ자이고
가족수나 살림살이에 따라
ㄱㄴㄷㅁ자로 집의 유형이 달라진다
ㄱㄴㄷㅁ자인 집채 어깨와 등줄기는
기둥이나 대들보인 ㅣ, ㅡ와 어울려
가정의 원형인 ㅇ이 된다
집과 건물
그 뼈대와 지붕은 모두 한글이다

밤마다 반짝이는 저 우주의 바탕도
모두 ㅇ이다

한글 날다
-ㅊ자 모기 화석

고속도로 휴게소
하얀 벽면
피로 새긴 모기 화석

치사하다고 욕하지 말라
모든 역사는 엿보는 데서 출발한다
엿보다 화석으로 남는다는 건
얼마나 장엄한 쾌감일까,

소변기 위쪽
남은 한 손으로
기막히게 조준한 그 능력

명중한 자리에서만
화석으로 꽃 피는 ㅊ자 쾌감

한글 날다
-감또개 입술에 새긴 유서

제 몸보다 열 배나 무거운 새끼 감을 물고 있는 감꽃
입술 빛이 누르퉁퉁하게 바랠 때까지 안간힘을 다해 물고 있다가
어린 감 감싸 안은 채 맨땅으로 떨어진다
저만 꽃피우고 제가 낳은 새끼 감이 꽃피지 못하는 걸
차마 눈 뜨고 볼 수 있었으랴
이승을 뜨는 순간에도 남기고 싶은 말이 있었나 보다
어린 감을 꼭 안은 감꽃 부르터진 입술로
둥글게 하트모양을 그려놓고 있었다
함께 생을 마감하는 감꽃 입술로 새긴
새끼 감에게 남긴 유서다
서로 껴안은 채 죽은 꽃과 열매,
감또개 속으로 날아든
귤빛부전나비 하나 훨훨 봄을 건너고 있다

한글 날다
―우리

너와 나 사이엔 늘 '와'가 들어있다
36년을 함께 살아도 내가 너를 잘 모르는 이유는
'와' 때문이다
슬쩍 고개를 외면한 채 들릴 듯 말 듯 내뱉는 말에는
늘 '와'가 있었다
뿐만 아니다
공기와 소리 사이에도 '와'가 들어있다
공기 반, 소리 반으로 노래를 불러야
좋은 노래가 될 수 있다고 했던가,
보통 사람들이 부르기는 쉽지 않다
이렇게 모호한 글자가
너와 나 사이의 '와'이지만
'와'가 있어야 너와 내가 하나가 될 수 있다
그게 바로 우리다

한글 날다
-시계를 이계라고 하는 손자

시계를 이계로 발음하는 18개월 손자
내 방에 걸린 벽시계 저 혼자 흔들리는 시계추가 신기했는지
이계 이계 하면서 양팔로 흔들리는 추 흉내를 낸다
발음을 교정해 주기 위해
시계 앞에서 시계 시계 하면
손자는 이계 이계 따라한다
몇 번을 가르쳐도 계속 이계 이계 할 때
내가 엑센트를 강하게 넣어서 씨계라고 하자
손자는 내 입 모양을 보면서 큰 소리로 이이계라고 한다
나는 두 손으로 손자를 받들어 안고
시계 앞에 얼굴을 마주하게 했다
손자는 똑딱똑딱 혀로 시계 소리를 내면서 함박웃음을 짓는다
그래, 시계가 씨계로 바뀌듯
세상이 온통 ㅆ으로 똑딱거리는 게 손자는 두려웠을지도 모른다

손자 볼에다 입술을 갖다 대었다
녀석이 혀로 똑딱똑딱 응답했다.

한글 날다
-바다

이름을 지어도 어찌 이렇게 지었을까
눈 감아도 아득하고 귀 막아도 그득하다
우주를 한 꺼풀씩 말아 나에게 다가와
애원할 때면 그것도 끊임없이 애걸복걸할 때면
나는 어둠의 힘을 빌려 홀딱 벗은 몸으로 그 사랑을 맞이했던
젊은 날도 있었다
그때 내 몸에선 흠뻑 젖은 비린내가 물씬거렸다
내 속도 모르고 달빛 아래 허연 웃음으로
나를 훑고 떠나간 적이 있었던 바다
곧바로 되돌아와 내 염분기 가득한 몸을 적실 때면
어머니의 품속처럼 안온했었다
지느러미를 흔들어 어둠을 헹굴 때나
닫힌 아가미로 달빛을 씻길 때는
비린내 대신 내 몸에서 물 향기가 났다
바다를 덮은 달빛을 또 한 꺼풀 벗기며
은은하게 다가오는 파도 그 깊고 향긋한 소리

내 스물다섯 살 적 바다였다.

한글 날다
-귀얄 귀얄

귀얄 귀얄
거친 붓의 숨결로 새긴
인동당초문양
둥글게 세상 품은 달항아리로 뜬다

귀로 지은 소리와 눈으로 빚은 무늬로 엮은

귀얄 귀얄

항아리 가득
저것 봐,
달빛 활짝 쏟아질까 봐
차마 손끝으로도 만질 수 없는,

귀얄 귀얄

달 속으로 들어간 나

서툰 붓질로 이지러진 달 하나 띄우는,

귀얄 귀얄

한글 날다
-자벌레

저 봐,
이팝나무 가느다란 가지에
우주를 둥글게 말았다 펴며 길을 여는
자벌레
해가 뜨고 다시 어둠이 노을 지우는 순간까지
길고 흰 길, 밑이 헐린 ㅇ자를 썼다 지우고 썼다 지우며
오체투지로 건너온 하루가
하얀 이팝 별로 뜨는 밤

우주를 품은 채 선정禪定에 든 자벌레 등허리 모여든
저 별빛,
반짝이지 않아도 향기가 난다

한글 날다
-거룩한 모음

요모조모 뜯어보면 한글의 낱글자들은
심오한 생각들을 지니고 있다
첫 글자엔 서로 다툼을 없애려고
ㄲ, ㄸ, ㅃ, ㅆ, ㅉ 형제끼리 나란히 오고
끝글자엔 ㅄ, ㄺ, ㄼ, ㄿ 등 서로 다른 낱글자가 와도
소리는 짝지에게 양보를 한다
작은 다툼이야 왜 없었을까만
신라 천 년, 고려 조선 오백 년 긴 역사를 이어온 이치를
한글 속 숨은 제자制字 원리를 찾아내고 나서야
세종대왕 허리춤에 긴 칼이 없는 까닭을 알 수 있었다
글자들이 흔들림 없이 자신을 지켜온 건
ㅏ, ㅓ, ㅗ, ㅜ, ㅣ 모음들이
글자 가운데 거룩하게 버티고 있었기 때문인지도 모른다

한글 날다
−쇠똥구리

물구나무 선 채 태양을 굴리는 쇠똥구리
어둡고 칙칙한 등껍질에 저녁 햇살이 내리면
스카라베*가 된다
고대 이집트의 부적이었다고 하지만
한때 이 땅 방방곡곡 백성들의 목숨을 쥐락펴락했던
소똥이 키운 백성이다
위대한 생명은 모두 배설물에서 탄생했다는 걸
개똥참외 단맛을 맛본 사람은 안다
몸 밖으로 떠난 배설은 신화가 되고
몸 안으로 받아들인 배설은 생명이 되는
배설물
거꾸로 선 쇠똥구리가 태양을 굴려 신화를 쓴
저 언덕에서
세상 모두를 담은 ㅇ 하나가 찬란히 빛나고 있다

---

* 스카라베: 고대 이집트에서 다산의 상징으로 신성시한 풍뎅이 모양의 부적

제4부

소등消燈
-이순의 첫날

 늦은 밤 비몽사몽 중 잠깐 들렀던 화장실, 아침에 일어나 문을 열어보니 그때까지 백열등이 켜져 있었다 밤새워 좁고 퀴퀴한 이곳에서 혼자 웅크리고 있었을 나를 떠올리는 순간, 머리가 휑해졌다 물때 낀 거울 속에 있던 내가 측은한 듯 나를 빤히 쳐다본다 긴 밤 혼자 떨어져 있었을, 씁쓸하게 웃고 있는 나를 보며 스위치를 내리자 화장실에 갇혀있는 내가 나를 따라 나왔는지 보이질 않는다 깜박 잊는다는 건 세상의 불을 켜 놓는 일인지도 모른다 누가 또 불 끄는 일을 깜박 잊고 잤나 보다 창밖이 환하다 이순의 첫날,

황금빛 통증

모든 쾌락 속엔 뼈가 산다

홍어회 톡 쏘는 쾌락 속에 숨은 꼬리뼈가
내 어금니를 콱 깨물었다
통쾌한 맛에 홀려 더욱 폭력적으로 씹어 댄다

사랑니 대신 환갑이 넘도록 내 사랑을 지켜준,
내밀한 곳에 숨어있던 어금니 한 모서리
홍어 뼈에 이식된 순간 콰악,
토막 난 통증만 남기고 숨겨온 사랑은 식도를 따라 꼬리
를 감췄다

삭힌 뼈가 멀쩡한 뼈를 잘라 먹자
쾌락의 몸피는 갑절로 불어났다

쾌락의 이면에는 으레 통증이 붙어 산다

황금빛 통증을 덮어쓰고 치과 병원을 나서던 오후
건장한 어금니로 솟은 건물들 사이
오랜만에 쫑긋 돋은 해와 눈이 마주쳤다
긴 여름 장마에도 삭지 않은 햇살
가장자리 떨어져 나간 내 어금니에 꽂힌다

본능적으로 입맛 다시는 햇살 틈으로
줄줄 침이 흘러내리고 있다

제기랄,
내 아래턱은 아직 마취가 덜 풀린 상태였다.

그 사이

 갓 쉰이 넘었을까, 살아온 나이만큼 영근 팔뚝엔 송송 빗방울들이 맺혀 있다 비를 막고자 덮은 손수건이 핸드백 상표마저 가렸다 물기 머금은 머리카락들이 살짝 가린 이마, 우산으로 비를 가려주자 흠칫 두어 족장 옆으로 물러선다 대여섯 걸음 걸어갔을까, 늦여름 비가 그녀를 내 쪽으로 슬쩍 밀어준다 눈을 찔러대는 앞머리를 연신 손등으로 걷어 올리던 팔이 우산 든 내 오른팔을 자꾸 스친다 시내버스에서 내려 함께 걸어온 5분, 같은 아파트 앞뒤 동인데도 처음 보는 얼굴이다 머리와 어깨 비를 맞으면서도 두 팔로 핸드백을 끌안고 조금은 어색한 걸음으로 올라선 107동 출입구, 잠깐 뒤돌아보며 내 머리 위 우산 향해 목례를 건넨다 한 마디 말 없었는데도 그 사이, 내 한쪽 팔뚝이 따뜻해져 있었다 한 모퉁이만 돌면 내가 들어갈 출입구다 또 그사이, 거세진 저녁 비는 내가 쓴 우산을 집중적으로 두들겨 댔다.

리모델링

싱크대, 화장실, 베란다, 장판과 벽지
뼈대만 남기고 눈에 보이는 건 죄다 갈아 치운다
곰팡이가 주인이 된 지 오래된 창고랑
나방파리 사철 알 스는 욕조도 철거했다
책상 밑 쌓아둔 서류봉투 속
수천 통이나 되는 편지며 원고 뭉치
뽀얗게 먼지 쌓인 비릿한 첫사랑마저
꼭 필요한 것만 남기고 다 버리기로 했다
서류 봉투를 기울이자 비루먹은 시간들이 마구 쏟아져 나왔다
버리기 위해 방 한편 젖혀 놓은 게 절반이 넘는 내 살아온 날들
50리터짜리 쓰레기봉투에 가득 담아 쓰레기 분리 수거장으로 나가다
엘리베이터 거울에 비친 나를 보고 깜짝 놀랐다
누런 쓰레기봉투가 내다 버려야 할 허접한 중늙은이 하나 끌고 가고 있었다

1층에 도착한 나는

차마 버릴 수 없어 리모델링을 결심한 나를 쓰레기봉투에 매단 채

서둘러 402호로 엘리베이터를 되몰고 갔다

띵또옹 하는 짧고 경쾌한 도착음보다 더 단호한 아내의 목소리가

쾅, 현관문을 닫아 버린다

그래 리모델링이 아니라 폐기 대상이었다 나는,

음소거
-백수

금붕어 세 마리
자꾸만 나를 향해 뭐라고 지껄인다
지느러미와 아가미,
심지어 어떤 녀석은 온몸을 붉힌 채
수족관 유리 벽에 바싹 다가와
무슨 말인지 반복해서 내지른다
눈에 익은 입 모양이지만
한 마디도 알아들을 수 없다 도무지
콰앙, 현관문을 닫고 나간 아내
자정이 지나도 휴대폰마저 받지 않는 열대야다
금붕어들
날 집어삼키려는 듯 연신 주둥이를 벌름대고 있다

아르갈*

구린내도 시간에 말리면 향기가 된다

바람에 헹군 냄새의 실핏줄 따라
돌고 돌던 피가
따뜻한 불꽃으로 피어나면

두어 계절, 햇살이 새겨 놓은 경전을 독송한
젖은 허물들도
별빛으로 반짝거린다

말라 비틀어져야만 되살아날 수 있는 목숨
불이 빚어낸 부드러운 뼈로 솟구칠 때
담 없는 낮은 집들은 모두 탑이 된다

선 채로 잠이 든 프셰발스키 긴 갈기가

---

* 아르갈: 가축의 똥을 건조시킨 몽골족의 땔감

두 줄 마두금馬頭琴을 켜는 밤
엉덩이를 깐 카시오페이아자리에서 쏟아진 별빛은
밤새워 게르 지붕에 쌓인다

별들의 배설물, 향기가 그득하다.

꽃으로 핀 지네

내 아랫배에서 지네 한 마리가 걸어 나온 건
급성 충수염이 내 속을 발칵 뒤집어놓은 한참 뒤다

배를 움켜잡고 방 하나로는 모자라 온 거실
섣달 그믐밤을 돌돌 굴렸던 통증 꿰맨 자리
좌우 대칭의 발들이 스멀대며 기어 다니는
지네의 정체, 곪아 터진 내 아랫배가 피운 꽃이라니
아찔하다

지네의 척추 마디마디 따리 튼 아픔이
내 몸속 어둠을 먹고 꽃으로 피어날 줄이야
흐리거나 비오는 날이면 용케도 찾아오는 눅눅한 꽃향기
꿈틀거리는 식욕을 남몰래 다독였을까
흉측한 가시들 더 많이 거느린 꽃일수록 향기가 진했다

퇴화된 가시 총총 머금은 때수건으로
지네가 지나간 발자국 지울라치면

다시 선명한 화석으로 피어나는 통증의 향기
연방 비곗살 두꺼운 하복부 욱신거리며 나온다

향기가 육식이란 걸 궂은 날들은 다 알고 있다

유기견

아직 한 번도 만나보지 못한 내 미래가
바다 밑에서 자라고 있다
아니 삭아간다는 말이 더 적절하다
어제와 오늘이 유기한 내 미래다

모든 시간의 끝은
간혹 스스로를 유기하는 일을 제외하면
통상적으로 유기당하는 게 대부분이다
내가 나를 유기하기 위해 떠난 섬마을 바닷가
꼬리를 흔들며 나를 반기는
하반신 망가진 강아지 한 마리 만났다

스스로 꼬리가 되어 흔들리는 개를 안고
집으로 돌아온 날
거실 형광등이 두어 번
크응큿 낯선 개를 향해 짖다가
금방 밝은 표정으로 환영해 주었다

버려진 것들이 환해지는 순간이다

사랑의 밑바닥을 핥아본 사람이라야
사랑을 버릴 수 있다는 말은 더 이상 진실이 아니다

강아지는 새벽이 올 때까지 짖지 않았다

육탈肉脫
-바지락

선유도를 다녀온 저녁
내가 먹은 해물칼국수엔
해풍에 헹군 머리카락 하얀 주검들이
떼 지어 유영을 하고 있었다

초분草墳을 덮은 볏짚처럼
근육질 하나 없이 외로움을 견뎌온 육신의 건더기

젓가락으로 말아 올려
후두둑 한입에 몰아넣으면

서너 젓가락만에 다 끝나는 짧은 식사
깊고 넓은 사발도
금방 바닥이 보인다

육탈을 끝낸
바지락 단단한 껍데기가

주름진 웃음을 짓고 있다
완벽하게 둥근 달 하나 품은 채,

O형이래

아내가 보내주는 생방송 카톡으로
산모와 아기 소식을 읽는다
딸내미가 아기를 낳았다는 소식에
잠결에 병원으로 가면서도 휴대폰은 챙겨간 모양이다

-사랑이 몸무게 2.37kg이래요

딸의 자궁이 하트모양이라
태명을 사랑이라고 지었다는 말은 이미 들어 알고 있다

-며칠 동안 인큐베이터에 있어야 한대요

카톡와쏭 소리가 들릴 때마다
홍수환 선수의 4전 5기 복싱 경기를 볼 때만큼이나
주먹에 힘이 들어갔다

—몸무게 빼곤 다 정상이라네

기분이 좋을 때 말끝을 잘라먹는 버릇이 있는 아내다
땀 젖은 손을 잠옷 바지에다 썩 문댄다

—O형이래

카톡와쑹, 짧은 톡 다음에 한참 잠잠하더니 장문의 톡이
도착했다

—ㅎㅎㅎ 요즘은 산모와 친정엄마한테만 살짝 알려 준대
혈액형 ㅎㅎㅎ
내가 친정 엄마란 걸 눈치챈 간호사가 귀띔해 주더군 참
웃기는 세상이야
아, 사위도 O형이래

손가락 빗금을 긋고 또 그어도 휴대폰 화면은 꿈쩍하지 않는다

다섯 손가락 끝이 진땀을 흥건히 머금고 있었다.

경외敬畏

겨우 쉰 중반을 넘어선 나에게
자리까지 양보해 주다니,

두어 걸음 물러선 40대 초반의 여자
경외의 눈으로 자꾸 나를 바라본다

공단사거리 좌회전 신호가 끝났는데도
앞차 꼬리를 물고 꺾어 도는 251번 버스
큰 엉덩이가 생성한 원심력
내 몸에 부딪치지 않으려고 손잡이에 매달린,
허리 휘게 안간힘 쓰는 여자
뭉텅, 고맙다는 말 한마디 건네려 할 때

이번 정류장은 금성초등학굡니다 안내 멘트에 떠밀려
엉겁결에 자리에서 일어나자
세상에,
내가 앉았던 좌석은

핑크빛 임산부 배려석이었다

이런 젠장,
막 스러져가던 저녁 햇살마저 잠깐 멈춰 서서
무겁게 하차하는 내 발걸음을 부축해 준다.

봉명을 듣다

가슴 한편이 허물어지는 날이면
다솔사 솔숲길을 찾는다

숲속 은둔 중이던 산그늘이
세상 밖으로 걸어 나와
나랑 동행을 해 준다

헛디딘 날들은 더 깊은 그늘의 품에 안겨야
제 그늘을 지울 수 있다고 했던가,

저것 봐,
적멸보궁 부연附椽 끝 산그늘에 안긴 풍경風磬 울음이
휘청대던 내 그늘을 그윽한 솔향기로 피워 올리는
저 기막힌 울림을 한번 들어보기나 해 봐

부리에 문 산그늘 저녁노을로 펼치는 봉명鳳鳴
굽이 휜 산의 주름마저 장엄하다.

가을의 소통법

거미집들이 하늘 가까이 올라가 있다
된장잠자리들의 꿈이 그만큼 높아졌다는 증거일까
백로白露가 지나자 몸 낮춘 바람의 날갯짓이 드세졌다
빈집으로만 살아가는 거미한테
추위를 대비한 가을옷 하나 왜 건네질 못했을까
거미, 저 야윈 다리 반쯤 꺾은 무릎 덜덜 떨며
어깻죽지 불거진 바람의 욕망 앞에서
거미줄 탱탱한 점성粘性을 잡고 묵상에 든다
그럼, 거미의 집이 찬 바람을 막고 있었던 게 아니라
바람과 소통 중이었단 말인가
소름 돋친 다리의 근육이 게르형 허공 집을 거뜬히 지켜낸 비결이었다니
집이 다시 심하게 흔들리자
집채보다 큰바람이 거미집을 몽땅 털며 지나간다
빈집일수록 빼앗고 싶은 게 더 많았던지 바람은 시간을 꽤 끌었다
소통이란 빈속까지 다 털려야만 속 깊이 여물 수 있는 것

인가,
   창백하게 질린 거미줄을 잡은 채 떨고 있던 마름모꼴 하늘이
   바람 떠난 거미집을 간신히 지탱해 주고 있다
   거미집에 걸터앉은 가을이 유난히 팽팽하다

가축의 변천사

'인간에 의해 순화, 개량되어 사람과 함께 공동생활을 하는
유용한 동물'
한국민족문화대백과에 실린 가축의 정의다
소, 돼지, 닭, 거위, 꿀벌이 집단 사육당하면서
가축의 개념이 변하기 시작했다
'인간을 위해 자신을 아낌없이 줄 줄 아는 동물'
개량한 가축이 탄생한다
아참, 사랑을 받기만 해 온 고양이는
등 돌린 사랑을 할퀴기 위해 발톱을 숨기고 있다는 이유로
끝내 반려동물로만 인정받았다
가축이 되길 거부하던 영악한 꿈을 실현한 고양이는
나를 볼 때마다 빳빳한 수염 서넛 오싹 치켜세운다
그렇게 늘 세로로 세운 입꼬리를 미소로 둔갑시킨 고양이는
아파트 앞뜰 우거진 꽃댕강나무 아래에다
기둥 하나 세우지 않고도 안전한 보금자리를 틀었다
가족 위해 아낌없이 다 줘야만 살아남을 수 있는 나를 향해
'가아축, 가축' 짧고 단호한 면박을 던지곤

곤추세운 꼬리를 살래살래 흔들어 댄다

뼛속까지 빈 가장家長인 내 꼬리를 얼른 내리려고 했지만

난 이미 꼬리뼈마저 닳아 없어진 뒤였다.

파란, 절정에 이르다

칠레 아타카마 화산지대인 네바도트레스크루세스 산맥의 이름을 딴 국립공원 네바도트레스크루세스, 사람들은 고산 트레킹이나 탐조探鳥를 위해 찾는다 파란 하늘을 물밑 깊이 안고 사는 호수, 수면에 잠깐 쉬었다 가는 바람, 간간이 호수를 조망하기 위해 날아다니는 고산 새, 고개를 들면 언제 옮겨갔는지 하늘에 고여 있는 호수, 바람의 무릎 아래서만 생존하는 풀과 이끼들, 여기선 모두 산악 생명체로 통한다 눈을 닦고 봐도 네바도트레스크루세스에는 사람이 없다 일순간 바람의 무릎 아래 엎드려 산악 생명체로 서식하는 걸까, 해발 6,000m 이상에서 사는 생명체는 몸집도 호흡도 목소리도 옹그리고 또 옹그려야 생명으로 남는다 호흡과 목소리, 몸집이 큰 생명체는 덥석 사막처럼 고요한 산맥이 몽땅 집어삼킨다 산맥의 이빨 끝에 물린 큰 호수가 하늘을 끌어안고 놓지 않는다 하늘과 호수가 파르르 떨고 있는 것은 새 생명을 잉태하기 위한 비릿한 역사가 시작되었다는 증거다 모든 세상이 파랗게 질렸을 때가 호수 수면이 절정에 이른 순간이다 주검마저 생명으로 되살아나는 시각, 정작 하늘은 눈을 감는다

해설 · 시인의 말

해설

한글의 상형원리와 시적 통찰
—박종현 시집 『한글 날다』에 깃들인 시인의 뜻

이동순(시인, 문학평론가)

1

한글을 만든 세종은 일단 주체의식이 역대 다른 왕과는 확연히 구별되는 군주였다. 여기에다 남의 나라 글을 빌려다가 자신의 뜻을 표기하는 현실을 보고서도 가슴이 아팠다. 그것이 결코 수월하지 않고 어려웠기 때문에 문자란 존재와 가능에 아예 눈 감은 채 그냥 살아가는 민초들에 대해 깊은 연민을 느끼었다. 한글의 창제는 세종의 이런 인본주의적 바탕 속에서 빚어진 산물이다. 그래서 더욱 애착과 신뢰가 느껴진다.

'국지어음(國之語音)'으로 시작되는 세종의 서문과 훈민정음 28자의 발음법을 주의 깊게 음미해보노라면 깊은 감동을 경험하게 된다. 초성, 중성, 종성과 순경음(脣輕音)의 어울림과 구성 원리는 우주와 대

자연, 혹은 인간의 삶 그 자체를 고스란히 담아내고 있다. 제자해(制字解)를 살펴보면 초성 17자는 어금니, 혀, 목구멍, 잇몸, 입술, 이, 목 등의 구조와 상합 원리를 본떠서 만들어졌다. 어금닛소리, 혓소리, 입술소리, 잇소리, 목소리 등의 길고 오랜 관찰과 원리를 반영하여 제작되었으니 아설순치후(牙舌脣齒喉)가 바로 그것이다. 가운뎃소리를 만든 원리도 이와 동일하다. 여기에다 모아쓰기, 소리의 높낮이, 글자와 소리의 형이상학(形而上學)은 보면 볼수록 놀랍고 신비스럽다. 인간의 구강구조와 거기서 빚어내는 소리는 물水, 나무木, 불火, 쇠金, 흙土의 원리를 그대로 반영하고 있다. 말하자면 음양오행(陰陽五行)의 심오한 이치가 인간의 발성 속에 고스란히 들어있는데 훈민정음이란 바로 이런 원리를 추출하여 시각적 형태로 구체화시킨 것이다. 그 어떤 글자를 음미해보더라도 거기엔 하늘과 땅, 사람의 삼재(三才)를 본뜬 상형 원리가 들어있음을 알 수 있다.

필자의 지난날 대학 국어국문학과 재학시절, 문학적 취향이 남달랐던 기질 때문에 국어학 과목이나 그 분위기에 대해 커다란 흥미의 의욕이 촉발되지 않았던 것이 사실이다. 하지만 세월이 한참 흐른 지금에 이르러 가만히 되새겨보면 그토록 풍부한 모국어의 음운론, 형태론, 통사론, 의미론, 방언론, 계통론 등의 여러 갈래들은 사실 얼마나 중요한 민족 언어의 학습경험이었던가. 이를 바탕으로 해서 민족문학이란 것이 가능했고, 모든 표현 체계가 그 질서에 따라 수립될 수 있었던 것이다. 하지만 문학만큼의 풍부한 정서와 멋스러움이 어학 분야에는 깃들여 있질 않고 다만 건조하며 과학적 분석과 인식을 중시하는 성향 때문에 일부러 그 곁을 가까이 하지 않았던 것이 사실이다. 하지만 이것은 섣부른 단견에 지나지 않았음을 이제 와서 크게 뉘우치며 그 어리석음을 고백하는 바이다.

이러한 민족 언어가 과거사에서 망실亡失의 위기에 맞닥뜨린 적이 있었으니 그것이 일제 말 일본 제국주의자들에 의한 조선어 상용 금지 조치였다. 언어에는 민족의 삶과 정신이 담겨져 있는데 일제는 이를 크게 우려해서 한국어를 멸살시키면 민족의식도 소멸되고 한반도의 영원한 식민지경영이 가능했을 것이라고 믿었던 듯하다. 하지만 그것은 제국주의자들의 경솔한 망동에 불과했다. 행정력으로 한국어 사용을 금지했고, 각종 불이익을 주었다 하지만 실제로 일본어 사용 빈도는 30%를 넘어서지 못했다고 한다. 거기서 이미 식민통치자들의 정책은 무리를 범하며 결국은 패배로 이어지게 된 것이다. 어떻게 민족 언어 사용을 금지하겠다는 그런 터무니없는 발상을 기획했다는 말인가.

하지만 그토록 엄혹한 여건과 분위기였으므로 홍사용(洪思容, 1900~1947), 정지용(鄭芝溶, 1902~1950), 백석(白石, 1912~1996) 같은 모국어 수비에 앞장선 첨병(尖兵) 시인들이 출현할 수 있었던지도 모른다. 그들의 눈물겨운 모국어 사수는 지금 생각해도 대단히 놀랍고 광채가 난다. 일찍이 김소월(金素月, 1902~1934) 같은 시인이 있어서 관서 지역 방언으로 아름다운 시를 빚어내어 민족의 제단에 헌납했다. 백석, 정지용 등은 그 뒤를 이어서 폭압적 정책에 맞서 저항했다. 그들의 활동은 오로지 위기에 봉착한 모국어 사수에 혼신의 힘을 기울였다. 일제 말에는 청록파 시인들의 작품에서 민족 언어의 가치와 발현의 현장을 더듬어볼 수 있다. 오죽하면 문장지의 추천위원으로 활동하던 정지용 시인이 신진 박목월(朴木月, 1916~1978)의 시를 추천하면서 '한국에 두 개의 달이 있으니 북에는 소월이요 남에는 목월'이란 거룩한 말까지 했으리오. 이 모든 것이 모국어 지키기에 대한 공로와 예찬의 표시에

다름 아닌 것이었다.

2

이제 그로부터 오랜 세월이 흘러 박종현 시인에 이르러 우리 모국어의 가치와 내재적 의미는 한결 눈부신 광채로 살아나고 있다. 박종현은 한글의 자음과 모음의 제작원리와 형태를 오래도록 응시하며 성찰해 왔다.

원래 28자이던 한글은 그 가운데 4자가 소멸되고 현재 24자가 남았다. 시집 『한글 날다』에는 민족 언어의 구성 원리와 그 체계에 대한 깊은 사색과 철학성이 깊은 감동으로 담겨져 있다. 시인의 길고 깊은 관찰과 응시는 성찰로 이어지고, 그 성찰은 시적 통찰로 발전되었다. 이 시집의 편제는 한글을 시적 테마로 해서 '피다', '헐다', '날다', '이순(耳順)의 첫날' 등 4부로 엮어져 있다. 시인은 한글의 구성 원리에 대해 과연 어떤 시적 통찰을 경험하며 그 성과들을 낱낱이 정리해내고 있는가.

이 시집의 첫 작품은 늙은 어머니가 목욕을 하실 때 등을 밀어드리며 보게 된 어머니의 유두(乳頭)를 다룬다. 시인은 그것을 「꼭지만 남은 옛이응」으로 표현한다. 그 몸에서 태어나 그 몸의 젖을 빨며 자랐다. 자식들에게 모든 것을 내어주고 어머니는 이제 빈 껍질만 남았다. 혼자 일어설 수도 없는 상태로 병약하시다. 그 어머니의 목욕을 도우며 보게 된 어머니의 까맣게 시든 젖꼭지를 보며 아들의 심정은 어떠할 것인지 가슴이 멘다.

시「사막의 꽃」에서는 모래벌판을 평생 터벅터벅 걸어온 낙타의 발바닥이 마치 신발처럼 딱딱한 상태로 굳어버린 경과를 다룬다. 이 대목에서도 자식들을 위해 평생을 바친 부모 이미지가 오버랩된다. 모음 ㅣ를 소재로 삼은 작품인「한글의 관자놀이엔 관자가 산다」에서는 모음을 관자놀이의 관자에 비유한다. 그 관자는 평등, 연결, 안배의 심오한 원리를 지니고 있다. 모음 ㅣ가 들어가서 비로소 여러 자음들을 이어주고 나누며 힘의 균형을 고르게 유지시켜 주는 것이다.

자음 ㄱ을 다루면서 시인은「세발가락나무늘보」라는 희귀한 야생동물의 생태를 떠올린다. 그 나무늘보가 나뭇가지를 움켜쥐고 몸을 굴리는 것이 ㄱ을 움켜쥔 채 지구를 돌리는 것이라고 말한다. 시「콩잎장아찌 석 장」도 가슴을 울리는 효과로 다가온다. 한글은 읽는 것보다 듣는 것이 더욱 감동으로 다가온다는 대목이 인상적이다.

이듬해 여틈인네도
콩잎장아찌 반찬이 전부다
차곡차곡 포개진 노란 잎 이미 갈색으로 변해 있다
된장 속에 묻어놓은, 여럿이 함께 묻혀야만
맛이 깊어진다시던 당숙모
자모가 겹친 한글처럼 월남치마 접힌 자락
들러붙은 콩잎 하나를 떼어내어
밥 한 숟갈에 콩잎 앞뒤를 혀로 핥고
두 숟갈에 반을 찢어 입에 넣고
세 숟갈에 나머지 반을 먹는다
네 숟가락에 엄지와 검지에 묻은 된장 핥아먹는다

콩잎장아찌 석 장이면

거뜬히 해결되는 여든 당숙모의 점심 한 끼,

숭늉 한 대접으로 입가심하시며

군대 간 막내 손자가 보내준 생일축하 카드를 꺼내 놓고

나에게 읽어달라고 하신다

한글은 읽는 것보다 듣는 것이 더 감동이다

당숙모 눈가 맺힌 땀을 엄지로 슬쩍 훔치신다

-시「콩잎장아찌 석 장」전문

시「ㅍㅍㅍ으로 걷는 게걸음」에서는 자음 ㅍ의 상형 원리를 다루고 있다. 시「나이테」에서는 자음 ㅇ의 상형 원리를 그리고 있는데 시인은 나무의 둥근 나이테를 동그라미에 비유하며 '시간의 육필'이라고 명명한다. 시「입술가벼운소리(ㅸ) 발성법」은 지금은 쓰지 않는 순경음(脣輕音)을 다루고 있는데 거짓말을 쉽게 저지르는 인간의 엷은 입술과 연결해서 풍자한다. 시「집게벌레가 피운 꽃」은 집게벌레가 어둠 속에서 알을 굴려 어린 것들을 모두 부화시키지만 먹이가 부족한 아기들에게 자신의 온몸을 통째로 내어주는 숭고한 과정을 그려낸다. 이 모든 것은 인간의 삶과 풍속도에 대한 시인의 시적 통찰이라 하겠다. 한글 자음 ㄹ을 다루면서 시인은 머리를 곧추 처든 코브라의 춤으로 비유한다. 공동격 조사 '과'를 다룬 시「과」에서는 꽃과 잎이 영원히 서로 만나지 못하는 불행한 운명을 그리면서 여름과 겨울이라는 두 계절의 원리와 연결해서 비유한다.

박종현 시집의 제2부는 '한글 혈다'이다. 사실 이 시집에서 '피다'와

'헐다'의 차이는 그리 크지 않다. '피다'란 말의 의미는 개화, 발전, 확장, 확대, 증폭 따위로 연결해서 상상할 수 있을 것이다. '헐다'란 대목은 노후(老朽)나 쇠퇴를 뜻하는 것이 아니라 분석, 분해, 해부 등 미세한 관찰과 응시의 과정을 의미한다. 이 항목에서 시인은 먼저 자음 ㅇ을 다루면서 속이 헐어버린 구멍에 비유한다. 시 「나의 바람기」에서는 공동격 조사 '과'와 '와'를 비교하며 풀어내는데 '과'는 근육질, '와'는 지방질로 그 특성을 대비시키고 있어서 자못 흥미롭다.

시 「빗소리」는 비와 비 사이의 체온으로 통찰하고 있는데 이것은 한글의 사잇소리에 대한 상형을 그려낸 것이다. 시 「ㅡ자 경면鏡面」은 본래의 얼굴을 뭉개어버리고 완전히 새로운 얼굴로 탈바꿈시키는 현대판 성형수술의 만연 현상에 대한 신랄한 풍자이다. 인간 본연의 모습이 아니라 인기 대중 연예인인 아이유나 티아라의 얼굴로 바꿔 달라는 우매한 속중(俗衆)들에 대한 비판의식이 담겨져 있다. 시 「춘분」도 흥미롭다. 우연히 마주친 장의 버스의 창문, 그 창문에서 마주친 어느 여인이 차단막을 내려버린 네모난 차창을 자음 ㅁ에 비유한다.

시 「ㅅ자 부메랑」은 개수대 바닥에 떨어져 깨진 접시의 날카롭게 모난 각을 그리고 있다. 시 「까맣다」에서 가장 눈길을 끄는 대목은 '홍고추의 어제가 녹색이듯/ 빛의 과거는 어둠이었다'라는 부분이다. 자동차가 아스팔트 도로에서 급정거할 때 길바닥에 찍어놓은 스키드마크도 '까맣다'의 범주에 포함된다. 시 「저승새」의 울음소리가 내는 '휘~'라는 발성은 자음 'ㅎ'과 'ㅟ'가 서로 만나고 통합을 이루어서 빚어지는 소리임을 알려준다.

    내 젖니를 빼앗아간 문고리에다

ㄱ자로 휘어진 늙은 숟가락을 꽂는 내 손

　　　　　　　　　　　　　　　　　　-시「저승새」부분

　시「ㄱ자로 휜 달구소리」는 산길에서 우연히 등산화로 작은 애벌레를 밟은 기억을 다루고 있다. 시인은 등산화의 신발 바닥 그 물고기 비늘 무늬 고무 사이에서 낮고 젖은 목소리로 꿈틀대는 가련한 상처투성이의 애벌레를 손가락으로 집는다. 그리곤 길섶 삘기 풀 줄기에 올려놓고 물끄러미 바라본다. 이 대목은 그야말로 백석 시인이 말하는 슬픔의 정신과 그 실현으로 풀이할 수 있을 것이다. 백석의 시「수라(修羅)」에서 겨울날 방안으로 기어든 어린 거미를 밖으로 조심스럽게 내보내며 어서 어미를 찾아가라고 중얼거리는 시인의 모습과도 닮았다.

　시「주먹밥」은 모음 ㅣ의 상형 원리를 다루고 있다. 도로 양쪽에 우뚝 서 있는 가로수의 행렬이 바로 그것이다. 가로수들은 언제나 묵묵히 ㅣ자 형상으로 서 있지만 자주 인간이 저지르는 각종 비행(非行)들, 이를테면 음주 운전이나 여러 가지 혼탁한 무질서를 향해 이따금 쌍시옷(ㅆ)을 써서 매서운 비판을 날려 보낸다. 시「괄호를 풀면 길이 된다」에서는 '괄호를 풀면 길이 된다'는 대목이 인상적이다. 괄호가 주는 답답함, 구속감, 폐쇄성, 감금 따위의 이미지에 대한 저항의 표시라 하겠다. 하지만 그 괄호 속에는 다함 없는 사랑과 보호 본능이 들어 있었음을 잊지 말아야 한다고 시인은 우리에게 환기시킨다.

　　나를
　　늘 괄호 안에 품었던 어머니
　　괄호 밖에 나를 남기고 떠나신 날

왜 그다지도 눈시울 붉은 노을이

선산 기슭 오래오래 머물다 갔을까,

집보다 더 많은 시간 머무셨던 어머니의 들녘

지나던 바람이

어머니를 괄호 속에 가둬놓은 뒤

괄호 밖에다 나를 풀어놓는다

갇힌 들녘도 괄호 밖으로 나와

들길에다 젖은 달빛을 풀어놓는다

괄호에서 나온 환한 길이

자꾸만 내 걸음을 비틀거리게 했다

달빛 머문 발자국에는

안과 밖이 없는 괄호가 안고 온 ㅇ(이응)이

교집합으로 고여 있었다

-시「괄호를 풀면 길이 된다」전문

3

한글의 현주소는 매우 번성하고 세계 언어로서의 보편성과 위상을 점점 더해 가고 있다. 한국어를 제2외국어로 선택하고 있는 나라들이 상당히 늘어났다. 여러 나라의 대학에서는 한국어학과가 개설 운영되는 곳도 많다. 이 모든 현상들의 배경 속에는 한국의 영화, TV드라마, K-POP 같은 대중문화의 전파력이 지대한 공로를 끼쳤다. 한국은 그들에게 있어서 꼭 가보고 싶은 나라, 반드시 직접 경험해보고 싶은 한국의 여행과 문화 체험 따위로 넘쳐있다.

이제 여기에 곁들여 한국의 시문학을 연결해보면 어떨까. 박종현의 시작품과 그 효과가 보여주는 기대감은 우리로 하여금 새로운 문화적 확장의 충동을 불러일으킨다. 한글의 상형 원리를 시작품으로 빚어낸 시도는 아마 박종현이 처음이 아닐까 한다. 이러한 시도가 지니는 의미와 가치는 크고 빛난다.

민족문화와 그 원리에 주목한 경험이 없이 우리는 그저 평범하게 살아왔다. 하지만 박종현 시인은 우리가 소홀하게 지나친 부분에 대해 진작 주목하고 특별한 애착을 가지며 한글의 창제원리와 그에 깃든 상형성의 내부를 시적 이해방식으로 분석하였다. 그 경험을 성실하게 정리한 것이 시집 『한글 날다』이다. 이 시집이 지닌 아름다움과 그 비의성(秘義性)에 대해 토론하고 많은 이야기를 나누고 싶어진다. 모국어의 원리와 신비스러운 상형 원리에 대해 시적 통찰로 풀어낸 박종현 시인의 노고를 격려하고 박수를 보내는 바이다.

시인의 말

태풍 힌남노에 쓰러져 누운 소나무
밑동이 썰려 있다
자신의 뽀얀 속살에다 예순 번도 넘게 새긴 ㅇ자

시간을 쌓아 육필로 쓴,
세상에서 가장 옹글고 아름답게 핀 꽃
솔향기가 난다

썼다 지우고 짓다 허무는 짓만 숱하게 했다.
옹근 글자 하나 새기지 못한 내 얼굴
여태 이지러진 ㅇ이다.

2022년 시월
박종현

실천시집선 300
한글 날다

2022년 10월 9일 1판 1쇄 인쇄
2022년 10월 20일 1판 1쇄 펴냄

지은이	박종현
펴낸이	윤한룡
편집장	윤한룡
디자인	윤려하
관리·영업	이소연
홍보	고 우

펴낸곳	(주)실천문학
등록	10-1221호(1995.10.26)
주소	남양주시 퇴계원읍 퇴계원로 52 405호
전화	02-322-2161~3
팩스	02-322-2166
홈페이지	www.silcheon.com

이 책은 경남문화예술진흥원의 문화예술지원금을 보조받아 발간되었습니다.

ⓒ 박종현, 2022

ISBN 978-89-392-3116-0 03810

이 책 내용의 전부 또는 일부를 재사용하려면
반드시 지은이와 실천문학사 양측의 동의를 받아야 합니다.